십이 년의 시계

십이 년의 시계

인쇄일 : 2025년 12월 15일
발행일 : 2025년 12월 25일
지은이 : 이의재
발행처 : ㈜이화문화출판사
서울특별시 종로구 인사동길 12 대일빌딩 310호
02-738-9880(대표전화)
www.makebook.net
ISBN : 979-11-5547-618-5 73800
정 가 : 10,000원

십이 년의 시계

이의재 말하고

이용진 받아적다

㈜이화문화출판사

나는 말랑말랑한 뇌를 가졌다

내가 한 말들을 읽어보고 조금은 충격을 받았다.
'나는 천재가 아닌가'라는 생각이 들었다.
그런데 다시 생각해 보니 지금은 천재인지 잘 모르겠다.
아빠는 매일 책을 읽지만 내가 더 창의성이 좋은 걸 보면
어릴수록 뇌가 말랑말랑한 것 같다.
산타가 있다고 믿었던 것과 같이
어릴 때는 말도 안 되는 것까지 다 믿었나.
그것이 생각의 폭을 넓히고
창의성을 풍부하게 하는 것 같다.
글을 읽어보면서 나 자신이 조금 자랑스러웠다.

2025년 12월

이의재

| 차 례 |

1부

2부

3부

1부

여섯 살 8월 16일

고추냉이

비가 내린다.
바닥에 은행나무꽃이 많이 떨어졌다.

"아빠, 초록색이고 매운맛 나는 거 엄청 많아요."

◆ 여섯 살 4월 26일

그럴 수 있으면 좋겠다

교보문고에 가서 책과 학용품을 샀다.
의재가 수첩에 적어온 것들을 확인했다.

“『꽁꽁꽁』 샀고,
『잠수 로봇의 바다 탐험』 샀고,
『어제 저녁』은 없고,
『헤엄치는 집』도 없고,
지우개 샀고,
필통 샀고,
연필깎기도 샀고…
아빠, 이제 교보문고만 사면 돼요.”

◆ 교보문고에 가서 유치원 나눔도서와 필요한 학용품을 사기로 했다. 가기 전에 살 것들을 수첩에 적게 했다. “교보문고에 가서 사자.” 했더니 ‘교보문고’도 적어두었던 모양이다. 그런데 교보문고는 얼마일까?

◆ 여섯 살 3월 3일

낙엽

"나무들 머리가 다 빠지고 있어요.
탈모인가봐요."

◆ 일곱 살 11월 18일

낭독

"아빠, 책 읽어줄게요.
들어보세요."

밤이 되었어요.
도깨비가 찾아왔어요.
도깨비는 사람을 잡아 먹지는 않지만
모두 무서워해요.
도깨비는 밤에만 다녀요.
뿔이 있고
도깨비 방망이를 들었어요.
아빠가 도깨비를 물리쳤어요.
아빠가 도깨비보다 힘이 더 세요.
도깨비는 놀라서 도망갔어요.

"아빠, 다 읽었어요.
재미있지요?"

"응, 재미있네.
책 읽어줘서 고마워."

엄마가 부르는 소리에

의재가 책을 덮고 나갔다.
놓고 간 책을 집어들고 봤다.

책 제목 :『안견과 몽유도원도』(안휘준 지음)

◆ 네 살 8월 3일

냉면 테이프

"아빠, 냉면 테이프 주세요?"

"뭐라고?"

"냉면 테이프."

"무슨 테이프?"

"냉.면.테.이.프.요~~."

"냉면?"

"예."

"어디에 쓰는 건데?"

"여.기.에. 붙.이.려.고.요~~."

"그래, 여기 있어. 양면 테이프."

◆ 다섯 살 2월 7일

감기

"콧물이
자꾸 미끄럼틀을 타고
입속으로 내려와요."

◆ 다섯 살 12월 10일

감동

"엄마,
엄마 아빠가 보고 싶어서 편지 썼어요.
자, 보세요.
읽어드릴게요."

"엄마, 아빠, 사랑해요."

"와~~ 감동이다."

며칠 후

"의재야,
이건 작은 변신 자동차야.
의재에게 주는 선물이지."

"와~~ 엄마,
감정이야."

◆ 네 살 5월 14일

동대문

의재와 함께 퇴근한다.
차를 타고 광화문 앞을 지난다.
"아빠, 동대문이다."

동십자각을 지난다.
"아빠, 동대문이다."

창덕궁 앞도 지난다.
"아빠, 동대문이네."

드디어 동대문 옆을 지난다.
"아빠, 동대문이 왜 여기 있어요?"

◆ 대체로 두 살에서 일곱 살 정도까지의 시기를 전조작기(preoperational stage)라고 한다. 피아제(Piaget) 인지발달이론의 두 번째 단계로, 자아 중심적이고 사물의 하나의 특징에 집중하여 사고하는 경향성이 관찰되는 시기이다. 이 시기에는 약수터 정자나 앞집 한옥이나 경복궁을 다 같게 느낀다고 한다.

◆ 네 살 7월 11일

무서운 독감

"아빠, 얘기 하나 해줄게요."

옛날 옛날에
엄마, 아빠, 그리고 아기가 살고 있었는데요,
아기가 너무 많이 우는 거예요.
그래서 엄마가 바깥에 호랑이가 왔다 하니까
더 우는 거예요.
엄마는 할 수 없이 독감 줄까 하니까
울음을 멈추는 거예요.
그런데 호랑이가 그 소리를 듣고는
독감이 엄청 무서운 건 줄 알고
깜짝 놀라서 도망을 쳤던 거예요.

"무섭지요?
아빠도 독감이 무서워요?"

◆ 네 살 9월 3일

설득

한자 공부를 하는 의재
하늘 천
사람 인
없을 무
있을 유
아니 불……

"아빠, 도우저가 아닌 게 뭔 줄 아세요?"
"모르겠는데…"
"정답은~~ 불도우저!"

"그러면 왜 불가사리일까요?"
"가사리가 아니니까!"

"불가사리는 도마뱀 꼬리처럼 잘려도 다시 생겨난대요.
그래서 '아니 불(不)'자를 써서 불가사리래요."

"정말?"

◆ 여섯 살 7월 15일

세상살이

장인어른 제사에 가족들이 모였습니다.

큰고모님 : "다들 살기 힘들지?"
의재 : "전 살기 좋은데요."

◆ 여섯 살 3월 9일

아빠와 아들은

"의재야,
아빠가 왜 이렇게 변덕스러울까?
이랬다 저랬다 생각이 자꾸만 바껴."

"엄마, 죄송해요.
앞으로는 안 그럴게요."

◆ 네 살 5월 6일

안중근 의사

"안중근 의사는 우리나라 독립을 위해
침략자를 저격하신 분이야."

"그래서 어떻게 되었어요?"
"감옥에 갇히셨지."

"그래서 어떻게 되었어요?"
"처형되셨어."

"처형이 뭐예요?"
"목숨을 잃게 되신 거지."

"안 죽는 의사라면서요?"

◆ 여섯 살 3월 9일

어제보다 못한 오늘

운전이 서툰 아빠가
낑낑거리며 좁은 틈에 주차를 한다.

"아빠, 어제보다 오늘이 더 힘드네요."

◆ 네 살 6월 22일

어쩌다 왕자가 된 아빠

"아~ 엄마 졸립다.
의재야, 우리 동화놀이 할까?"
"예!"

"엄마는 백설공주 할 거야.
독이 든 사과를 먹어서 잠만 자는 거야.
자, 엄마는 이제부터 자는 거다."

"아빠!
얼른 엄마한테 뽀뽀하세요.
엄마 깨어나게."

◆ 네 살 5월 3일

업데이트

애니메이션을 보여주려고 노트북을 켰다.
'PC를 업데이트했습니다'라는 메시지가 떴다.
읽어주었다.

"아빠, 어떤 게 없대?"

◆ 다섯 살 10월 1일

은행 털기

등교길에 구청 아저씨들이
길가에 트럭을 세워놓고 작업을 한다.

"아빠, 뭐 하는 거예요?"

"은행을 터는 것 같은데……."

"아하, 영화에만 나온다던
 은행을 터는 게 바로 저런 거였구나."

◆ 아홉 살 9월 7일

일요일 저녁

"아빠, 진짜 무서운 얘기 해줄까?"
"응."

"바로,
내일이,
월요일이라는 거야.
진짜 무섭지?"

◆ 아홉 살 12월 7일

정답은 거울

"이번엔 아빠 차례구나.
자, 퀴즈 낸다."

찡그리면 같이 찡그리고
웃으면 같이 웃고
울면 같이 울어주는 것은?

"정답!
엄마, 아빠!"

◆ 여섯 살 6월 9일

정치적인, 아주 조금 정치적인

“의재야, 엄마와 서아 중에 누가 더 예뻐?”

“엄마가 조금 더 좋아.”

“아니, 누가 더 좋으냐고가 아니라 누가 더 예쁘냐고?”

“아, 그렇구나.
엄마가 조금, 아주 조금 더 예쁘기는 해.”

◆ 서아 : 의재 친구

◆ 다섯 살 1월 6일

핸드폰 구하기

"어, 핸드폰을 놓고 왔네."
"가지러 가요, 아빠. 우리 돌아가요."

"그냥 가자. 너무 멀리 왔어."
"아빠, 그럴수록 빨리 가야지요."

"늦었으니 오늘은 그냥 가면 안 될까?"
"전화 오면 어떡해요?"

"엄마가 받아줄 거야."
"엄마가 모르고 안 받으면 어떡해요?"

"그러면 어떻게 하는 게 좋을까?"
"좋은 생각이 났어요, 아빠. 긴급출동 불러요."

◆ 네 살 12월 11일

향기를 듣다

의재가 전화를 했습니다.

"아빠, 좋은 냄새나지요?"

◆ 네 살 6월 6일

간절하게

엄마가 입원해서 의재를 할머니댁에 데려다주었다.
헤어지기 전

"언제 데리러 올 거예요?"
"금요일 저녁에 올게."

"몇 밤 자면 돼요?"
"다섯 밤."

"다섯 밤 자면 데리러 올 거지요?"
"그럼."

"금요일에 꼭 데리러 올 거지요?"
"그래, 꼭 데리러 올게."

"금요일에 꼭 데리러 온다고 약속해요."
"그래, 금요일에, 꼭, 데리러, 온다고 약속할게."

"그런데 아빠,
시간이 빨리 가는 법 좀 알려주세요."

◆ 일곱 살 3월 22일

산타 할아버지

"지금까지는 산타 할아버지가 진짜인 줄 알았어요.
그런데 아닌 것 같아요."
"왜?"

"산타 할아버지가 유치원에 오셨을 때 물어봤어요?"
"뭘?"

" '루돌프 어디에 있어요?' 하고요."

"그랬더니?"

"주차장에 있대요.
루돌프는 옥상에 있어야 하는 거 아니에요?"

◆ 일곱 살 12월 23일

2부

일곱 살 3월 4일

독후감

동화책 『호랑이를 잡은 토끼』를 읽어주었다.

"재밌다.
우리도 이런 책 써 볼까?
사자를 잡은 다람쥐?
참새를 잡은 잠자리?"

"아냐, 아냐, 아빠.
이게 제일 멋지지 않아?
상어를 잡은 올챙이!"

◆ 여섯 살 7월 13일

콧물

감기에 걸린 의재가
연신 콧물을 흘린다.

수시로 닦아 주어도
줄줄 흐르는 콧물

"코가 쉬 하는 것 같아요."

◆ 세 살 2월 17일

친절한 네비게이션

"아빠,
앞에 앉은 아줌마가
'오늘도 안전 운전하십시오' 하고요,
'주차장에서 주의하십시오'라고 해요.
그리고
'자동차에 주의하십시오'라고도 해요.

친절하지요?"

◆ 네 살 4월 29일

카메라 앞에서는

"아빠, 빨리 가요."
"너무 빨리 달리면 안 돼요."

"왜요?"
"안전운전 해야지.
그리고 저기, 빨리 달리면 찍는 경찰 카메라 보이지?"

" '브이' 하면 돼요.
아빠, 얼른 '브이' 하세요."

◆ 네 살 5월 13일

딱딱한 발

"밥이 딱딱해졌네."

"어디, 어디?
발이 어떻게 딱딱해졌어?"

"아니,
오래 놔둬서 밥이 딱딱해졌다고."

"그럼 엄마, 이 오렌지 먹어봐.
젤리처럼 발이 말랑말랑해질 거야."

◆ 네 살 4월 14일

들리는 대로

지하철 경복궁역
"아빠, 해시계예요."

"그렇네.
세종대왕 때 만들었는데
앙부일구라고 해.
그때는 혼천의라는 시계도 만들었대."

"네?
저게 삼천 원이라고요?"

◆ 여섯 살 3월 23일

전화

"엄마, 잠깐만요.
장난감한테 먼저 전화하고요."

곧바로

"엄마, 다했어요."

"그렇게 빨리?"

"마음으로 전화했어요."

◆ 네 살 4월 16일

입력과 출력

라디오를 켜놓았다.

'오펜바흐의 오페레타 천국과 지옥 서곡 중 캉캉을 듣겠습니다.'

"아빠, 라디오에서 뽀로로 노래가 나와요."

◆ 여섯 살 2월 12일

삼겹살

삼겹살을 구워 저녁을 먹다가
엄마가 말했습니다.

"고기가 다 떨어졌네."

"엄마, 어디, 어디?
식탁에도, 바닥에도 떨어뜨리지 않았는데?"

"접시에 고기가 없다는 얘기야."

"그러면 없다고 해야지 왜 떨어졌다고 해?
내가 고기를 떨어뜨린 줄 알았잖아요."

◆ 여섯 살 3월 30일

위로

냉장고 문에 붙여놓은 사진을 가리키며
"엄마,
이 사진 외할머니,
이 분이 외할아버지야?"

"응, 맞아."

"외할머니 보고 싶어요.
의재는 한 번도 보지 못했는데,
보고 싶어요."

"엄마도 많이 보고 싶네.
눈물 나도록 많이 보고 싶어."

"엄마, 눈물이 나?"

엄마의 눈을 빤히 들여다본다.

"눈에 눈물이 없는데?
엄마 마음 속으로 눈물을 흘리는구나?
마음 속에 비가 내리는구나?
그래도 걱정하지마.
할머니가 마음속으로 엄마 지켜주실 거야."

다섯 살 9월 25일

◆ 네 살 5월 22일

이상한 삼단논리

"코딱지를 먹으면 안 돼요.
코딱지를 먹으면 쉬가 안 나와요.

깨끗한 코딱지는 괜찮아요.
그건 먹어도 쉬가 잘 나와요.

그러니까 앞으로는
깨끗한 코딱지만 먹으세요.

알았죠?"

◆ 네 살 4월 30일

유치원 가방

아빠와 둘이서 노는 의재는
지금 한 명이 더 필요합니다.

대장놀이를 하려면
악당이 있어야 하고
부하도 있어야 합니다.

"안 되겠다.
한 명을 빌려와야겠다."

대장이 결단을 내렸습니다.

졸지에 악당이 된
유치원 가방.

온힘을 다해 가방을 물리치는
부하 아빠.

◆ 네 살 7월 6일

탄생

"어떤 아이는 태어날 때 엄마 만했대."

"어떻게 태어났을까? 엄청 클 텐데… 아기집이 없었나?"

"응, 아기집은 작아서 못 들어갔대.
얼굴은 엄마 얼굴에,
팔은 엄마 팔에,
다리는 엄마 다리 안에 있었대."

"그럼 어떻게 나왔을까?"

"짠, 하고 튀어나왔대."

◆ 다섯 살 9월 8일

돈을 모으는 쉬운 방법

"아빠, 제가 돈 만원을 업그레이드할 수 있어요."

"어떻게?"

"일단 만 원을 모아요."

"그런 다음?"

"분신술로 두 개를 만들어요.
그러면 2만원이 되어요."

◆ 여섯 살 9월 17일

씨티투어버스

주차해 놓은 차 안에서 버스놀이를 한다.
손잡이를 잡은 작은 몸이 흔들린다.
일부러 흔들린다.

"여기는 광화문입니다. 장군님이 보이지요?"
안내방송도 한다.

끽!
버스가 급정거한다.
어이쿠, 쓰러진다.

다시 일어나 버스를 운전한다.
의재는
운전기사도 되고,
승객도 된다.
안내방송도 반복한다.

◆ 여섯 살 4월 3일

노트북 구입기

"노트북을 사기로 했어요.
인터넷에서 검색했어요.
100만 원짜리가 있어요.

와, 적당하다.
앗, 배송료가 1000만원?
아, 안 되겠다….
다른 제품을 알아봐야겠다.

드디어 찾았어요.
90만 원에 무료배송까지.

야호!
바로 내가 찾던 노트북이다.
이것으로 주문하자.

·
·
·

30년 후… 아직도 도착 안 함."

◆ 열 살 9월 5일

소원

하산길에 의재가
돌 세 개를 주워 탑을 쌓아놓고선
소원을 빌었다.

"아빠, 세 가지 소원을 빌었어요.
 첫째, 간지럼 안 타기.
 둘째, 힘 세지기.
 셋째, 태권도 잘 하기."

◆ 여섯 살 2월 28일

수제비

아들과 엄마가
함께 수제비를 끓인다.

밀가루를 반죽하고
멸치 육수 우려내고
호박과 파를 종종종 썰어놓고
끓는 물에 반죽을 떼어넣는다.

"엄마, 해파리가 수영하는 것 같아요."

◆ 여섯 살 2월 10일

셀프와 슬픔 사이

의재와 함께
식당에서 저녁을 먹는다.

"아빠, 물 주세요."

"물은 셀프라네.
아빠가 가서 가져올게."

"물이 왜 슬퍼요?"

"응?"

"물이 슬프다면서요?"

"아니,
아니,
물은 셀프!
직접 가져와야 한다는 말씀."

◆ 여섯 살 8월 1일

별난 다짐

함께 샤워를 하였다.

"아빠, 겨드랑이를 왜 비누로 씻어요?"
"땀이 나서."

"털이 나면 땀이 나요?"
"그건 아니지만 털이 땀을 흡수해 주긴 해."

"불편하겠다.
나는 털이 나지 말아야지."

◆ 네 살 4월 24일

사슴

유치원 마당가에 떨어진
측백나무 이파리 두 개를 주워듭니다.

“사슴 뿔 같아요.
 루돌프 뿔인가?”

봄날 오전
산타가 벌써 오신 모양입니다.

◆ 네 살 3월 9일

산만한 거인

"거인은 산만하잖아요."

"거인이 산만한가?"

"그렇지요."

"거인이 왜 산만할까?"

"거인은 아주 크니까, 산만 하지요.
산만큼 커요."

◆ 일곱 살 3월 14일

택배 아저씨가 반가운 이유

의재가 창밖을 가리키며 말했다.

"엄마, 봐요. 어두워져요. 엄마, 봐요."

"그래, 어두워지네."

밥을 먹다가 또 말했다.
톤까지 높아졌다.

"엄마, 깜깜해졌어요. 엄마, 봐요!"

"자, 그러면 택배 아저씨가 오시는지 어디 한 번 볼까?"

엄마가 현관문을 열었다.
계단을 올라오는 발자국 소리.

"엄마! 아빠! 택배 아저씨 왔어요.
아저씨가 경찰 옷과 모자를 가져왔어요."

◆ 의재는 며칠 전부터 기다리는 게 있었다. 재촉하는 의재에게 엄마는 "깜깜해지면 택배 아저씨가 물건 가지고 올 거야. 그러니까 조금만 더 기다리자." 했다고 한다. 날이 저무는 것에 그렇게 관심이 컸던 이유이다.

◆ 다섯 살 9월 20일

새 차 구입기

"세차했더니
새 차가 되었어요."

◆ 네 살 7월 6일

무등

동화책 『아빠산』을 읽어주었다.

의재가 '아빠산'을 오르겠다고 애썼다.
허리띠와 앞섶과 소매자락을 거머쥐고 기어올라
어깨와 목덜미에 올라타고
머리를 잡고 섰다.

올라야 할 산이 숱한 의재가
가장 먼저 오른 건 아빠산이다.

기꺼이 어깨와 목을 내줬다.
거인의 어깨는 아니지만
한 눈길 높은 곳.

◆ 다섯 살 11월 23일

3부

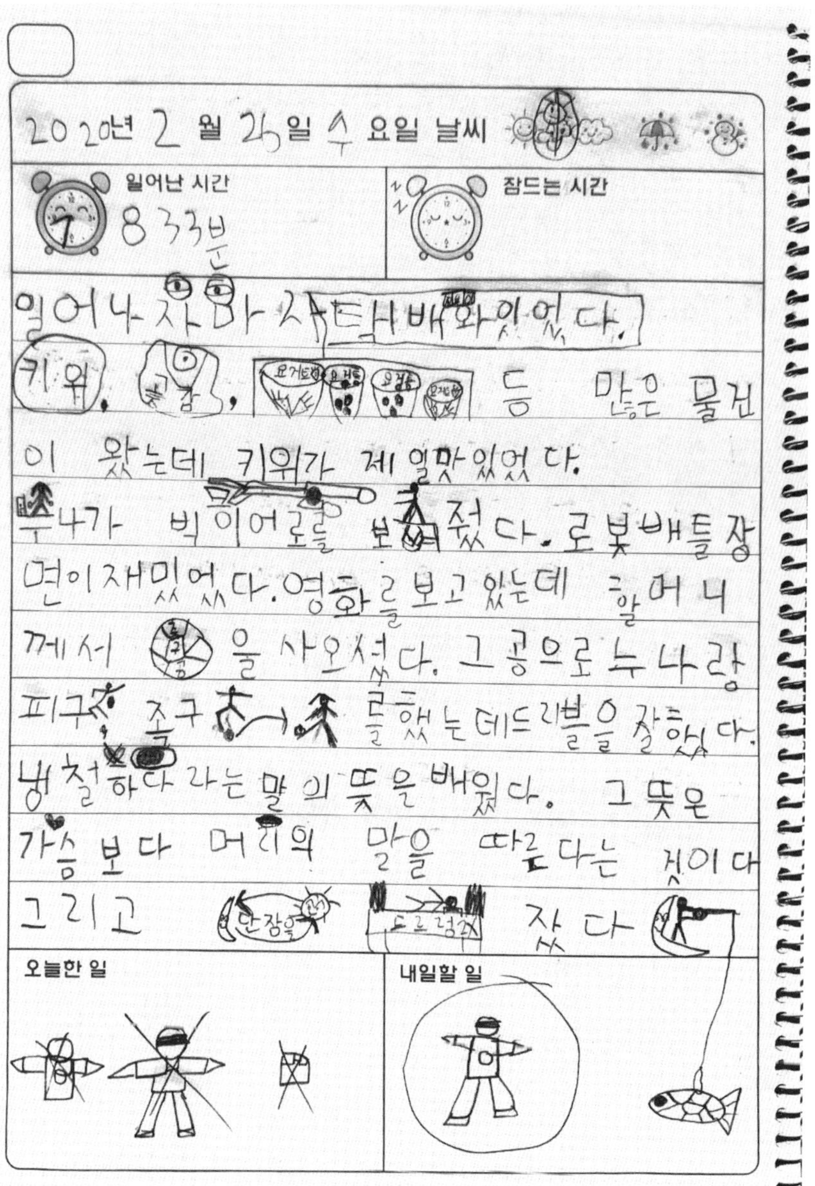

2020년 2 월 26일 수 요일 날씨
일어난 시간
8 33분
잠드는 시간
일어나자마자 택배가 와있었다.
키위, 곶감, 요거트 등 많은 물건이 왔는데 키위가 제일맛있었다.
누나가 비이어로를 보여줬다. 로봇배틀장면이재밌었다. 영화를 보고 있는데 할머니께서 공을 사오셨다. 그 공으로 누나랑 피구 족구를 했는데드리블을 잘했다.
냉철하다 라는 말의 뜻을 배웠다. 그 뜻은 가슴보다 머리의 말을 따른다는 것이다
그리고 단잠을 도로롱 잤다
오늘한 일
내일할 일

일곱 살 2월 26일

김밥송

김밥을 만들자~
김밥을 만들어~

동글동글 말아
김치를 넣고
당근도 넣고
시금치도 넣고

동글동글 말아
김밥을 만들어봐!
맛있게 만들어봐!

비빔밥을 먹으면서 부르는 노래, 김밥송!

◆ 네 살 5월 24일

강아지 육아

아줌마가 강아지를 데리고 지나간다.
의재가 말했다.

"엄마,
이제 우리도 강아지를 키울 때가 된 거 같아요.
엄마가 밥해주면 내가 먹일게요."

◆ 네 살 5월 22일

결혼에 대한 순간의 선택

"나중에 커서 엄마랑 결혼할 거야."

어느 날 엄마가 한마디 했습니다.

"잘못하면 야단맞을 텐데, 그래도 괜찮아?"

"아무래도 안 되겠다.
엄마랑 결혼하지 말아야지."

◆ 네 살 6월 8일

2층 버스

"아빠, 2층 버스 타고 싶어요.
그런데 경기도 가는 버스라고 쓰여 있어요.
아쉽다~~."

"경기도에서 서울로 오는 버스일 수도 있지 않을까?"

"아, 그렇네요."

◆ 일곱살 4월 10일

AI 네비

"아빠,
네비에게 어디로 가야 하는지 물어보세요.
얼른요."

"직접 물어보렴."

"네비야,
우리 이제 어떻게 가니?"

(우연히 딱 맞춰서)

'오백 미터 전방에서 답십리, 동대문구청쪽 1시 방향으로 우회전하십시오. 우측 직진차로를 이용하시기 바랍니다. 삼백 미터 전방 속도와 주정차에 주의하십시오.'

"네비, 잘 했어!"

◆ 네 살 5월 12일

변신

의재가 띠를 바꾸겠답니다.

말띠
뱀띠
토끼띠를

이제부터
자동차띠
상어띠
기차띠로 하겠답니다.

하늘도 땅도 바꿉니다.

어느새 아들은 로봇으로 변신했습니다.

그렇게 다 바꿔놓고선
스르르 잠이 들었습니다.

바뀐 것들이
모두 제자리로 돌아갑니다.

◆ 네 살 6월 11일

화산석의 정체

코지* 끝까지 갔다.
구멍이 많은 화산석
발밑을 조심하며 걸었다.

의재가 한마디 했다.
"아빠, 바위가 마른 코딱지 같아요."

◆ 코지 : 바다 쪽으로 부리 모양으로 뾰족하게 뻗은 육지인 '곶(串)'의 제주 방언.

◆ 여섯 살 1월 1일

편지 배달

"아빠, 선생님께 편지 쓰고 싶어요."

"그래.
편지를 써서 우표를 붙이고
빨간 우체통에 넣자."

"아니에요.
좋은 생각이 있어요.
편지를 써서
선생님 집으로 가서
선생님이 주무실 때
몰래 놓고 오는 거예요.
선생님이 아침에 일어나면
깜짝 놀라실 거예요."

◆ 다섯 살 1월 8일

할머니와 손자

"의재야, 가새*가 어디 있니?"

"어디 가자고요?"

◆ 가새 : 가위의 방언.

◆ 다섯 살 7월 26일

태워 먹을까 구워 먹을까

"엄마 아빠, 물고기 많이 잡아 왔어요.
태워 드세요~~."

◆ 여섯 살 2월 6일

파도

바닷가 모래사장
모래를 한 숟가락 푹 떠서는

“밥 먹자.
얼른 와서 밥 먹자.”

…

“아빠,
파도가 밥 먹으러 안 와요.”

◆ 세 살 9월 6일

친구

"아빠, 저 친구는 뭐예요?"
"이거?"
"예."
"응, 이건 욕실을 따뜻하게 해주는 히터야."

"저 친구는 뭐예요?"
"샤워부스. 유리문을 닫으면 물이 튀지 않겠지?"

"그러면 저 친구는요?"
"샤워기? 우리 몸을 깨끗하게 해주지."

"그런데 왜 이 친구, 저 친구라고 하니?"

"여기 있는 것들은 움직이지는 않지만
우리에게 도움을 주니까
친구라도 부르는 거예요."

◆ 네 살 5월 15일

천지창조

의재가 잠꼬대를 한다.

"엄마, 이리 와 보세요.
…
하늘이 다 녹았어요.
땅도 다 녹았어요.
음…
새로 만들어줘야 할 것 같아요."

◆ 네 살 5월 29일

꼭 있어야 할 것

"사람이 사는 데 꼭 필요한 게 뭘까?"

"응,
첫째, 엄마, 아빠,
둘째, 밥, 잠,
팔, 다리…
그리고…
그리고…"

◆ 네 살 10월 1일

주머니

"주머니는 왜 있어요?"
"작은 물건들을 넣어 다니기 위해서."

"주머니는 옷에만 있어요?"
"꼭 그런 건 아닌데, 왜?"

"아빠 배에도 주머니가 있으니까요."
"어디?"

"아빠 배꼽은 이렇게 쏙 들어갔잖아요.
나는 안 그런데."

◆ 네 살 5월 30일

이사

꽤 긴 시간 차를 타고 유치원을 다녀야 하는 의재가 말했다.

"아빠,
너무 멀어서 힘들어요.
오늘 이사 가요."

"어떻게 오늘 이사를 하지?
집도 구하지 않았는데."

"그냥 이사 가요, 네?"

"이사를 하려면 순서가 있겠지?
첫째, 집을 구한다.
둘째, 이사할 날짜를 잡는다."

"그럼, 날짜를 먼저 정해요.
그래야 집이 구해져요."

◆ 네 살 5월 16일

이런 사람

"여기 부드러운 거 드세요.
딱딱한 건 제가 먹을게요.

아빠,
저 이런 사람이예요~~."

◆ 네 살 6월 12일

이론은 밝아

유치원에서 배운 걸 알려줍니다.

"사람이 많은 곳에서는 큰 소리로 말하지 않아요.

실내에서는 뛰지 않아요.

엄마, 아빠한테 울면서 말하지 않아요."

◆ 네 살 5월 13일

오메가쓰리

아내가 말했다.
"오메가쓰리 사놨으니 하루에 세 알씩 먹어요."

"아빠가 오마이갓쓰리를 먹는다고요?"

◆ 일곱 살 10월 5일

선거 전날

"오늘 차가 많이 막히네."

"사람들이 대통령 할아버지를 빨리 보고 싶어서 그런가 봐요."

◆ 네 살 5월 8일

눈

집으로 가는 길에
눈이 많이 쌓였다.
눈놀이를 하였다.

의재가 갑자기
양 주머니에 눈을 꽉꽉 채워 넣었다.

"내일 가지고 놀려고 보관하는 거야."

◆ 네 살 12월 18일

보낸 사람

"아빠에게 편지 왔어요.
이용진…
도시…가스요금…카드자동…납부청구서…예요.
해반친구 남수인 아는 사람이 보냈나 봐요."

"왜?"

"여기 맨 아래 동그라미 안에 이름이 적혀 있어요.
'납'이 '남'하고 비슷하고
수인이는 같아요.
봐요, 맞죠?
수납인."

◆ 여섯 살 3월 21일

닦지 말고 지우자

고기를 굽는다.
기름이 튄다.
키친타올 두 장을 겹쳐 불판을 닦는다.

"엄마, 왜 지워?"

◆ 다섯 살 11월 21일

당근과 소세지

"왜 당근에 소세지를 묻혔어요?"

"소세지?"

"당근 맛이 달라졌어요."

"아, 소스!"

◆ 네 살 6월 11일

대화

"의재가 엄마 뱃속에 있을 때 정말 얘기 많이 해줬지."

"나도 알아요. 나는 발로 말했잖아요."

◆ 다섯 살 9월 8일

독심술

"모자 쓰니 너무 예쁘다.
이리 와 볼래? 사진 하나 찍자."

"왜? 아빠한테 보내주려고?"

◆ 네 살 10월 8일

눈을 대하는 차이

"아빠, 눈은 어떻게 생겼어?"

"눈은 하늘의 수증기가
기온이 내려가면서 얼어서 생겼어.
그래서 눈이 녹으면 물이 되는 거지.
눈은……."

"아빠, 눈이 동물 같아요.
저 위는 몸이고
여기는 발이에요.
눈이 막 달려가요.
막 움직여요.
동물들이 무한대로 많아요."

◆ 다섯 살 1월 8일

순간을 붙잡다

의재가 보여준 수많은 '시적' 말과 행동은 시인의 능력을 타고나서가 아닙니다. '마음이론'이 왕성하게 작동하는 시기였기에 지극히 정상적인 발달을 보여준 증거였습니다.
그런 의재를 보면서 나이가 들면서 잃어버린 것들이 다름 아닌 '마음'이었음을 깨달았습니다. '다른 존재에게도 마음이 있다'는 생각을 거두어들이면서 우리는 지나치게 영민해지고, 지나치게 자신만을 생각하고, 지나치게 똑똑해져 나와 타인, 타자를 정확하게 구분하는 능력이 향상된 것이었습니다.

의재가 한 말과 행동을 옮겨적었습니다. '찰나의 순간'을 잡아보자 한 것이었습니다. 모아놓고 보니 아내와 저에게 큰 울림을 주었습니다. 의재의 말과 행동을 옮겨적은 것만으로도 그 순간을 붙잡게 하였고, 무엇보다 행복하게 해주었습니다.
순간이 왜곡되지 않도록 거칠고 서투르지만 최대한 그대로 옮기려고 했습니다.

아래와 같은 점도 따랐음을 밝힙니다.

- 의재의 말과 행동을 받아 적었습니다. 의재의 말과 행동에 깜짝깜짝 놀라기도 했고, 마음속이 온통 환해지는 경험도 했습니다.
- 의재의 나이와 월일을 적어두었습니다. 그 시기의 아이들이 갖는 특징일 것 같아서 환기시켜 보려는 의도였습니다.
- 노트를 덧붙인 글도 있습니다. 다 쓰지 못한 얘기나 배경을 설명하였습니다.
- '엄마', '아빠', '할머니'는 의재를 기준으로 한 것입니다.
- 정리하면서 살펴보니 저는 옮겨적기만 했을 뿐입니다.

2025년 12월

이용진

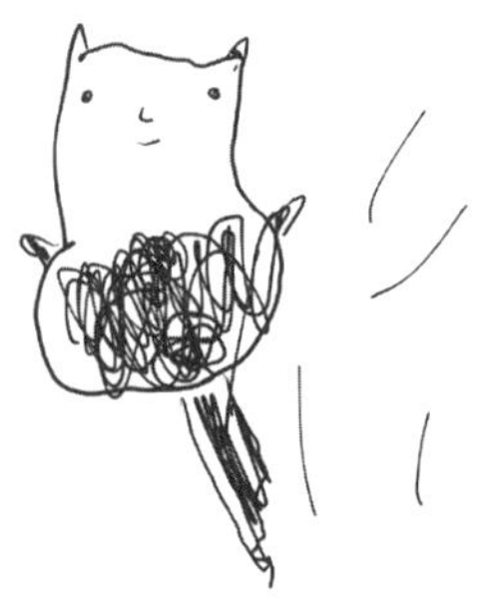

여섯 살 3월 16일